PRÉCIS

DE L'AFFAIRE

DOUILLARD-MAHAUDIÈRE,

ADRESSÉ

A LA CHAMBRE DES DÉPUTÉS,

PAR M. JOLLIVET,

Député d'Ille-et-Vilaine, Délégué de la Martinique.

PARIS.

IMPRIMERIE DE COSSE ET G.-LAGUIONIE,

Rue Christine, n° 2.

1841

PRÉCIS

de l'affaire

DOUILLARD—MAHAUDIÈRE.

Tout le monde a lu la relation de l'affaire Douillard-Mahaudière, jugée en octobre 1840, par la Cour d'assises de la Guadeloupe.

Elle a été insérée d'abord dans la *Gazette des Tribunaux* des 15, 16 et 17 février, et reproduite dans presque tous les journaux.

La *Gazette des Tribunaux* déclare la tenir de la bienveillance d'un correspondant particulier.

Voici l'analyse fidèle des faits et de la procédure, suivant le correspondant :

« M. Douillard-Mahaudière, propriétaire, demeurant à l'Anse-Bertrand, avait perdu successivement sa femme, 3 nègres, 1 négresse, et 281 têtes de bétail.

« Il attribua ses pertes à l'empoisonnement.

« Ses soupçons se portèrent sur Lucile, une de ses esclaves, parce qu'il avait consulté un *devin*, et qu'une autre esclave avait révélé la culpabilité dans l'œuvre du *magnétisme*.

« Fort de ces preuves, Douillard-Mahaudière, la fit jeter vivante dans une espèce de tombeau, présentant une grande ressemblance avec le *tumulus* antique.

« Il lui signifia qu'elle n'en sortirait que morte.

« Le cachot que Lucile était condamnée à ne plus quitter était entièrement privé d'air et de lumière ; elle ne pouvait s'y tenir que le corps courbé en deux ;

1

elle couchait sur un plancher nu, superposé à la terre, au milieu des insectes dévorants des tropiques.

« On l'avait attachée, par ordre de son maître, à une barre de fer où se trouvaient deux jambières. Sa jambe et sa main gauche furent enfermées dans la même jambière ; sa main droite, placée dans un anneau mobile : elle passa une année entière dans cette cruelle position. Son embonpoint fit place à une affreuse maigreur, qui lui permit de retirer sa main gauche de la jambière ; mais elle fit de vains efforts pour en retirer sa jambe.

« Un jour cependant, ayant senti une bête à mille pieds lui dévorer les chairs, elle parvint, excitée par la douleur, à se dégager en arrachant la pierre à laquelle sa chaîne était scellée. Découverte le lendemain, elle fut, par l'ordre de son maître, enferrée de nouveau.

« Le poids de son corps, reposant toujours sur les mêmes parties, elle était obligée de se servir de son bras droit comme point d'appui.

« On entrait une fois par jour, dans son cachot, à des heures inégales, pour lui apporter une petite quantité de farine de manioc, et de morue, qui représentait à peu près la moitié de la ration ordinaire d'un seul repas des nègres. L'infortunée serait morte d'inanition, sans l'humanité d'un nommé Lapierre et de Félicité, sa fille, qui, en apportant du linge blanc à sa mère, y cachait des aliments. Pendant seize mois, elle fut soumise à une privation non moins cruelle ; on lui donnait une ration d'eau si faible, qu'elle ne pouvait étancher sa soif.

« La justice fut informée qu'une esclave périssait dans le cachot de l'habitation Douillard-Mahaudière ;

elle y fit une descente : les faits furent constatés, et des poursuites commencèrent.

« Néanmoins, elles furent suspendues et n'auraient pas été continuées, si le colon avait consenti à la déportation de son esclave ; mais il s'y refusa, pensant n'avoir usé que de son droit. »

Pour imprimer à ce récit fabuleux, qui nous reporterait à la barbarie du moyen âge, un caractère d'authenticité, le correspondant particulier de la *Gazette des Tribunaux* l'a étayé d'un acte d'accusation, d'un interrogatoire de l'accusé, et de dépositions de témoins.

En regard des faits et de la procédure ainsi présentés, il a placé le verdict d'acquittement de la Cour d'assises de la Pointe-à-Pitre, l'ovation de l'accusé et de son avocat, portés en triomphes par les colons.

« La Cour se retire d'abord pour poser les questions et les résoudre. Elle revient ensuite avec un verdict d'acquittement. Les colons en masse se précipitent vers M Grandpré, dont ils pressent avec effusion la main. Douillard-Mahaudière est enlevé du banc des accusés et transporté jusqu'à l'hôtel des Bains, situé en face le Palais de Justice. Bientôt après, il monte dans son cabriolet et parcourt les rues de la Pointe-à-Pitre. Ses amis se portent en foule devant la maison du défenseur, et là crient avec enthousiasme : Vive Grandpré ! »

A la tête de ces messieurs on remarquait un conseiller colonial et vice-président de cette assemblée. »

(Gazette des Tribunaux du 17 février.)

Le but de mon *Précis* est d'établir que *tous* les faits imputés à M. Douillard-Mahaudière sont *faux*, à l'exception de la détention de Lucile, dont j'expliquerai la cause et la durée.

Que le correspondant particulier de la *Gazette des*

Tribunaux a tronqué l'acte d'accusation; qu'il a dénaturé l'interrogatoire; qu'il a altéré les dépositions; qu'il en a supprimé treize en entier, parce qu'elles étaient favorables à l'accusé (1).

Ce n'est pas dans des correspondances particulières, que j'irai chercher mes preuves; je les trouverai exclusivement dans un acte authentique, dans le procès-verbal des séances de la Cour d'assises, signé par le président et par le greffier, et dont j'ai pris connaissance au ministère de la marine.

Il est vrai que M. Douillard-Mahaudière a fait détenir, pendant 22 mois, son esclave Lucile.

Personne ne le conteste, mais il faut qu'on connaisse les causes de cette détention prolongée.

M. Douillard avait perdu sa femme; sa mort fu généralement attribuée au poison. Il perdit depuis ei 1837 et 38, trois noirs et une négresse.

Il perdit également 63 bœufs, 38 mulets, 30 vache: et génisses, 160 moutons.

Il fut constaté que ces pertes avaient pour cause le poison.

Plusieurs circonstances attirèrent les soupçons sur Lucile, que M. Douillard venait de refuser d'affranchir.

On va juger si ces soupçons étaient fondés.

Le 9e témoin entendu devant la Cour d'assises, Philippe, a déposé :

« Que Lucile avait cherché à l'accuser d'empoisonnement; qu'elle lui avait dit plusieurs fois que toute petite qu'elle était, elle était capable de faire périr

---

(1) Les dépositions supprimées sont celles des témoins Lapierre, Fapin, Blancourt, Petit François, Adrienne, Marie-Thérèse, Annette, Madeleine, Andrèze, veuve Théophile, Cherat Franville, Guéry et Michelon.

quelqu'un à qui elle en voulait; que tout le monde sur l'habitation la regardait comme sorcière et prophète (synonymes d'empoisonneuse), et qu'il a toujours pensé que Lucile est une empoisonneuse. »

Les 15e, 16e, 17e, 18e et 19e témoins, Adrienne, Marie-Thérèse, Annette, Madeleine et Andrèze, déposent que « pendant que Lucile était au cachot, *l'habitation n'a fait aucune perte*; que Lucile était détestée par l'atelier à cause de sa mauvaise langue, et que tout le monde disait que c'était une empoisonneuse. »

Le correspondant particulier de la *Gazette des Tribunaux* a supprimé en entier les dépositions de ces cinq témoins; il ne lui convenait pas qu'on sût que Lucile passait aux yeux de tous pour une empoisonneuse.

Il ne lui convenait pas qu'on sût que les empoisonnements ont continué tant que Lucile a été libre ;

Qu'ils ont cessé dès qu'elle a été détenue.

Le 32e témoin, M. Barbotteau, propriétaire, a déposé «que M. Douillard-Mahaudière perdait beaucoup de bestiaux, et que ces pertes n'ont cessé que depuis l'incarcération de Lucile. »

Pour infirmer son témoignage, le correspondant particulier imagine de le faire parent de l'accusé, ce que ne constate pas et ce qu'eût constaté le procès-verbal d'audience, si cette parenté eût été réelle.

Le 23e témoin, madame veuve Théophile, rentière, dépose « que pendant qu'elle donnait des soins à la dame Douillard-Mahaudière, gravement malade au Port-Louis, elle a vu venir Lucile deux ou trois fois chez sa maîtresse, mais que celle-ci paraissait la recevoir avec répugnance. Le témoin ignore la cause de la maladie de la dame Douillard; seulement elle a entendu dire dans le public qu'elle est morte empoisonnée; mais on ne lui a jamais dit que ce fût par suite du poison que lui avait donné Lucile.

« Lucile interpellée déclare d'abord qu'elle n'est point allée au Port-Louis pendant la maladie de la dame Douillard-Mahaudière; ensuite elle dit qu'elle y est allée deux fois; elle sait aussi que lorsque sa maîtresse est morte, les domestiques de la maison, et nommentAnnette, l'ont accusée de l'avoir empoisonnée, mais que tout cela est faux. »

L'opinion générale que Mad. Douillard-Mahaudière était morte empoisonnée, la répugnance que son approche causait à Mad. Douillard, les tergiversations de Lucile, sa dénégation d'avoir approché de sa maîtresse malade, l'aveu qu'elle en fait ensuite, les accusations de tous les domestiques portées contre Lucile.....

Voilà ce qui résulte de la déposition de Mad. veuve Théophile et des réponses de Lucile.

Le correspondant a supprimé en entier la déposition de Mad. veuve Théophile, et des réponses de Lucile.

Le 24 témoin, Cherat-Franville, propriétaire à l'Anse-Bertrand, dépose « qu'il a assisté aux derniers moments de la dame Douillard-Mahaudière; tout le monde disait alors que Lucile avait empoisonné sa maîtresse. La dame Douillard en était convaincue; on le disait à M. Douillard-Mahaudière, qui ne voulait pas croire au poison. »

Le correspondant a supprimé cette déposition.

Le 25e témoin, M. Boisaubin, négociant à la Pointe-à-Pitre (ancien membre du conseil privé), dépose « qu'en 1837, les habitations Bonne-Veine et Douillard-Mahaudière, qui sont limitrophes, étaient dans l'état le

plus prospère, mais cette prospérité fut de courte du
rée, grâce à une société d'empoissonneurs qui vint
tenir ses séances à Bonne-Veine.

« Qu'un nègre nommé Pierre, traduit devant la Cour
d'assises de la Pointe-à-Pitre, avait été condamné pour
cause d'empoisonnement; que ce nègre, après la condamnation, livra à la justice la liste de ses complices,
liste qui fut envoyée par le gouverneur à tous les chefs
de division de la colonie; qu'en tête de cette liste figu-
raient les noms du nègre Louis et de la mulâtresse
Lucile; que le nègre Louis fut surpris un jour cher-
chant à empoisonner un bœuf, mais qu'au moment où
il allait faire des révélations, il mourut lui-même dans
la même journée, victime du poison; que des quatre
nègres qui avaient arrêté Louis, deux moururent deux
ou trois jours après. »

C'est la révélation de *Pierre*, complice de *Lucile;*
c'est cette liste sur laquelle figurait son nom, liste
adressée par le gouverneur à tous les commandants
de quartiers, qui ont amené Douillard-Mahaudière
à penser que Lucile était coupable, Douillard-Mahaudière, qui jusque-là (**M. Cherat Franville** le déclare)
ne voulait pas croire au poison, ne pouvait pas se
résoudre à accuser Lucile, quoique tout le monde
l'accusât.

A la révélation judiciaire faite par un complice,
à la dénonciation officielle du gouverneur, qui certes
étaient de nature à agir sur la conviction d'un homme
sensé.... le correspondant particulier substitue les
révélations d'un devin que M. Douillard – Mahaudière
aurait consulté, et des visions magnétiques !

N'est-ce pas là, je le demande, une odieuse plai-
santerie?

*

L'excusera-t-on parce qu'elle est faite aux dépens d'un colon?

Comprendra-t-on qu'il se soit rencontré un homme assez pervers pour l'inventer?

Un journal assez facile pour la publier?

Des lecteurs assez simples pour la croire?

Le correspondant ne s'arrête pas là dans ses inventions.... il invente des dépositions.

Déposition du docteur Souques, suivant la *Gazette des Tribunaux :*

« Madame Douillard était atteinte d'une maladie organique à laquelle elle a succombé ; elle ne voulait prendre aucun remède ; elle avait une idée fixe, c'était que Lucile l'avait frappée de quelque maléfice. Elle est morte persuadée qu'elle était empoisonnée ; mais le docteur Souques n'a rien observé qui justifiât cette idée qui était chez elle une monomanie. »

La déposition du docteur *Souques* recueillie par le greffier ne dit pas un mot de ce qu'on lit dans la *Gazette.*

La variante valait la peine qu'on l'inventât puisqu'elle absolvait Lucile de l'empoisonnement de sa maîtresse..... *morte d'une maladie organique, sans aucun symptôme d'empoisonnement.*

On ne prévoyait pas que le ministre de la marine recevrait le procès-verbal authentique des débats de la Cour d'assises, — et que la comparaison de la déposition de la *Gazette* avec la déposition recueillie par le greffier, constaterait des altérations, des additions criminelles.

On connaît maintenant la gravité des motifs qui ont déterminé M. Douillard à faire détenir Lucile.

Il me reste à dire les raisons qui ont prolongé sa détention.

M. Douillard n'avait d'autres indices contre Lucile que la révélation de *Pierre*, condamné pour empoisonnement, la liste sur laquelle le nom de Lucile était inscrit, et l'opinion générale de l'atelier.

Quelque idée qu'on se fasse ici de la justice coloniale, ces indices auraient paru insuffisants pour déterminer une condamnation, même contre une esclave. Lucile déférée aux tribunaux eût été acquittée.

Cependant Douillard-Mahaudière, voyait sans pouvoir l'empêcher, le poison exercer chaque jour, et depuis deux ans, ses ravages sur son habitation.

Quiconque a vécu dans les colonies, sait que les poisons végétaux y abondent; que les noirs les emploient sans scrupule; que ces poisons ne laissent après eux aucune trace; et que la certitude de périr par le poison, intimide les témoins, assure l'impunité.

Exposé dans sa fortune, dans sa famille, dans la personne de ses enfants, sans que les tribunaux pussent lui venir en aide, que devait faire Douillard-Mahaudière?

Un journal (*le Courrier Français* du 22 février) le dit : il fallait qu'il demandât la déportation de Lucile au gouverneur;

Et c'est précisément ce qu'il a fait.

Le 30ᵉ témoin, M. Joseph Papin, dépose « que M. le procureur du roi lui a dit à l'Anse-Bertrand qu'il avait promis à l'accusé de faire déporter Lucile. »

Le 22ᵉ témoin, M. Ferry, négociant, dépose « qu'il avait été chargé de voir M. le procureur du roi, de la part de M. Douillard-Mahaudière, pour lui rappeler la promesse qu'il lui avait faite de déporter Lucile. »

Enfin, le procureur du roi lui-même, et sa déclara-

tion a été recueillie par la *Gazette des Tribunaux* des
15 et 16 février, dit : « Je n'ai pu promettre à l'accusé
de faire déporter Lucile, parce que ce droit ne m'appartient pas. C'est une mesure de haute police réservée au gouverneur ; j'ai seulement dit à Mahaudière :

« Si vos soupçons contre Lucile se vérifient, je promets d'appuyer votre demande en déportation. »

M. Douillard-Mahaudière, a, comme le prouve le
témoignage de M. Ferry, fait rappeler au procureur
du roi sa promesse, sinon de déporter, du moins de
faire déporter Lucile par le gouverneur. Il a employé
d'autres intermédiaires auprès du gouverneur, mais
n'en a jamais reçu que des réponses évasives. Pouvait-
il, en attendant la déportation qu'il sollicitait avec persévérance, mettre en liberté celle qu'il avait lieu de croire
l'auteur de la mort de sa femme, de ses esclaves, la
cause de sa ruine ?

Veut-on savoir le motif qui a empêché le gouverneur d'accorder la déportation ? Ce n'est pas l'absence
de pouvoirs :

Ils sont écrits dans l'ordonnance du 9 février 1827,
article 75, qui permet « aux gouverneurs des Antilles,
« de Cayenne et de Bourbon, d'envoyer au Sénégal les
« esclaves reconnus dangereux pour la tranquillité des
« colonies. »

Si le gouverneur de la Guadeloupe n'a pas usé de
ses pouvoirs, s'il a refusé la déportation de Lucile,
c'est qu'il a craint la presse, la tribune métropolitaine. Il a craint qu'on ne représentât toute déportation comme un acte arbitraire, tyrannique, alors
même qu'elle rétablirait la sécurité dans la colonie, ou
que, comme celle de Lucile, elle assurerait le salut
d'une habitation.

J'ai dit les causes qui ont prolongé la détention de

Lucile, détention connue de l'autorité locale, du maire, témoin entendu dans le procès, et qui a déclaré l'avoir approuvée, également connue du procureur du roi et du gouverneur, puisque M. Douillard-Mahaudière leur avait demandé de la convertir en déportation.

Si la justice a été informée qu'une esclave *périssait* dans le *cachot* de l'habitation Douillard–Mahaudière (expressions du correspondant), c'est donc Douillard-Mahaudière lui-même qui l'a fait connaître à la justice.

Voyons enfin ce qu'était ce fameux *cachot* qu'on a comparé à un tombeau destiné à engloutir des victimes vivantes.

Ce n'est pas sans raison que le correspondant de la *Gazette* a toujours employé l'expression de *cachot,* qui, chez nous, dans son acception usuelle veut dire prison souterraine : et simple prison ou salle disciplinaire aux colonies.

Il n'y a point de prison souterraine sur les habitations des colons, et la prison de l'habitation Douillard était comme toutes les autres, au niveau du sol.

Le premier témoin, le docteur Souque dépose, « que « le cachot de l'habitation Douillard-Mahaudière est « établi dans de bonnes conditions, et qu'il ressemble « à ceux de toutes les autres habitations. »

Le 31ᵉ témoin, *M. Clavier,* dépose « que le cachot de M. Douillard-Mahaudière est infiniment meilleur que celui de Fleur-d'Épée où l'on enferme de braves soldats.

Le juge d'instruction appelé à l'audience en vertu du pouvoir discrétionnaire, déclare que l'air pénétrait dans le cachot qui ne fermait pas hermétiquement.

L'acte d'accusation même reconnaît que le cachot était éclairé par une ouverture haute de 83 centimètres, large de 50 centimètres.

Maintenant croira-t-on que le correspondant ait eu la hardiesse de fabriquer un interrogatoire, et de mettre dans la bouche du président de la Cour d'assises ces paroles : Douillard-Mahaudière « votre cachot est affreux ; pas d'air, pas de soupiraux ; c'est une tombe destinée à ensevelir des personnes vivantes !

Le 4ᵉ témoin, *Albert*, commandeur de l'habitation, dépose « que c'est lui qui a enferré Lucile, mais que la main gauche était à côté de la jambe gauche dans un anneau séparé et non au-dessus.

Le témoin ajoute « que si son maître lui avait donné l'ordre de gêner la main gauche de Lucile, c'était pour l'empêcher de s'étrangler, mais que lui, Albert, qui connaissait bien Lucile, savait que ce n'était pas *au monde à s'étrangler*; aussi lorsque huit jours après il revint au cachot voir Lucile par ordre de son maître, il la trouva libre de ses fers, et ne fit rien pour l'enferrer de nouveau.

« Tous les huit jours son maître l'envoyait au cachot pour savoir *comment Lucile y était*, et il lui répondait: bien! La seconde porte du cachot n'était jamais fermée, et au-dessous de celle qu'on fermait on faisait passer à Lucile du linge et des aliments. Lucile avait un réchaud; elle faisait sa cuisine; elle avait deux draps et un traversin fait avec de la bagasse; elle couchait sur un plancher en madriers.

« Chaque fois que le témoin est entré, il l'a trouvée cousant et faisant du linge ; enfin elle n'a pas gardé ses fers plus de huit jours et elle a constamment reçu les aliments et l'eau nécessaires à sa subsistance. »

Lucile confrontée avec le témoin et interpellée de s'expliquer sur chacun des faits qu'Albert venait de déclarer, répond que ces faits *sont vrais*.

Le correspondant altère la déposition du commandeur Albert.

Albert a dit que son maître l'envoyait au cachot pour
savoir comment Lucile y était.

Il transforme cet acte d'humanité en un acte de
sévérité, fort habilement, par l'addition d'un seul mot;
voici sa version :

Mon maître m'envoyait au cachot pour savoir comment Lucile y était..... *ferrée!*

Quant aux aveux si importants de Lucile, qui ren-
versent de fond en comble l'odieux échafaudage de l'accusation; qui démentent les descriptions mélodrama-
tiques du *tumulus*, de l'affreux cachot sans air, sans
soupiraux; l'enchaînement pendant une année entière;
l'histoire de la bête à mille pieds ; la privation d'eau ,
de nourriture : le correspondant de la *Gazette* a cru
devoir les passer sous silence.

Le 14ᵉ témoin, *Lapierre*, propriétaire, dépose « que
Célina, fille de Lucile, lui a dit qu'elle était chargée de
vendre du fil, des bretelles et des chemises que sa mère
faisait dans son cachot.

Lucile interpellée avoue ce fait, et convient qu'elle
voyait assez clair dans son cachot pour y travailler, mais
seulement lorsqu'il n'était fermé que par une seule porte.

Déposition de M. Lapierre; aveux de Lucile sup-
primés par le correspondant.

Le 10ᵉ témoin, *Petit François*, dépose « qu'il a été
chargé d'apporter la nourriture à Lucile; que celle-ci
n'avait plus de fers aux mains, le second ou le troi-
sième jour; qu'elle faisait sa cuisine dans son cachot,
et qu'elle y travaillait à la couture.

La déposition de Petit-François est supprimée par
le correspondant de la *Gazette*.

Le 11e témoin, *Alfred*, dépose « qu'il a été chargé de porter à Lucile sa nourriture, et que lorsqu'elle était dégoûtée de sa nourriture ordinaire, il lui portait de temps à autre du pain, du bouilli, du poisson mariné, et du vin; que ces douceurs provenaient tantôt de la libéralité de son maître, tantôt de celle de la ménagère de la maison; que Lucile recevait aussi des aliments de ses enfants par le dessus de la porte du cachot, où la main et le bras pouvaient facilement passer. »

Lucile interpellée de s'expliquer, dit que ces faits sont vrais; mais elle soutient que les douceurs qu'elle recevait dans son cachot, ne lui étaient point apportées par Alfred, mais par sa fille Félicité.

Le correspondant de la *Gazette des Tribunaux* a altéré une partie de la déposition d'Alfred, et supprimé en entier les aveux de Lucile.

Mais s'il supprime les dépositions favorables à M. Douillard-Mahaudière, en revanche il crée des interpellations et des réponses dans le but de l'incriminer. Il suppose que M. l'asssesseur Corneille aurait demandé au témoin Saint-Germain :

Peut-on rester debout dans le cachot ? vous par exemple ?

Réponse. Non.

Demande. Et Lucile ?

Réponse. Non plus, elle ne pouvait y rester que courbée.

M. le Président. Greffier, prenez note de cette déclaration du témoin.

Demandes de l'assesseur, réponses du témoin, injonction du président au greffier; tout cela est faux, et la fausseté est établie par le procès-verbal officiel des séances tenu par le greffier, signé par le président, et qui garde sur cet incident imaginaire le silence le plus complet.

L'interrogatoire est caricaturé de la manière la plus indigne, pour déverser à la fois le ridicule et l'odieux sur M. Douillard-Mahaudière.

On lui fait demander par le président *s'il avait assigné un terme à la sépulture de cet être humain.*

Réponse. Aucun.

Demande. Vous êtes-vous informé de Lucile pendant sa détention ?

Réponse. Jamais.

Demande. La visitiez-vous ?

Réponse. Je ne l'aurais visitée que pour lui tirer un coup de pistolet.

Demande. Ne reconnaissez-vous pas que votre cachot était affreux ? Ne frémissez-vous pas à l'idée que, par votre ordre, une créature humaine y a été engloutie vivante ?

Réponse. (L'accusé agite son éventail, et se fait verser de l'eau sur la tête.)

Demande. Vous ne voulez donc pas répondre ?

L'accusé vivement et comme se réveillant: Oui ! oui ! (hilarité.) »

N'est-il pas évident que ce prétendu interrogatoire, dont on ne trouve aucune trace dans le procès-verbal officiel, a été fabriqué dans le but de représenter M. Douillard – Mahaudière comme un monstre chez qui l'imbécillité le dispute à la cruauté ?

M. Douillard un homme cruel !

Tous les témoins ont fait l'éloge de son caractère humain et généreux.

Je n'en citerai que deux.

«*M. Nicolai*, curé de la paroisse de l'Anse-Bertrand, 2ᵉ témoin, « rend hommage à sa bonne réputation et à sa charité envers les habitants malheureux du Port-Louis ; c'est, dit-il, le père de ses esclaves et la providence du malheureux de son quartier. »

13ᵉ témoin. Félicité, fille de Lucile, « déclare qu'elle et toute sa famille ont été comblées de bienfaits par M. Douillard-Mahaudière. »

Tel est le caractère de l'homme qui a été odieusement diffamé par un compte-rendu infidèle !

Et dans l'intérêt d'une malheureuse que la voix publique, les révélations judiciaires d'un complice, la dénonciation officielle du gouverneur accusent d'empoisonnement !

Est-ce dans un but philanthropique, par compassion pour une pauvre esclave, qu'on a tronqué l'acte d'accusation, caricaturé l'interrogatoire, falsifié, supprimé, inventé des dépositions ; qu'on a représenté les colons comme des maîtres cruels, jetant leurs esclaves dans des cachots, sur les soupçons les plus frivoles, les torturant à plaisir, s'arrogeant sur eux un droit de vie et de mort ?

Assurément, non.

Mais on espère arriver de la sorte plus facilement et plus promptement à l'abolition de l'esclavage.

Ce sont là d'indignes calculs, d'odieux moyens.

Je dirai aux abolitionistes : « Vous voulez dépouiller les colons de la propriété qu'ils ont reçue de leurs pères, que leur ont garantie nos lois !

« Attaquez-la, mais franchement, mais ouvertement, et ne soyez pas étonnés qu'ils se défendent ; mais n'encouragez pas les délations et les correspondances anonymes qui travestissent et calomnient les mœurs coloniales.

Ce n'est pas là, ce n'est pas dans les séances des Cours d'assises qu'on étudie les mœurs d'un pays. Etudiez-les dans les récits des négociants, des officiers de marine, des fonctionnaires publics européens qui ont visité les colonies ; ils vous diront tous que les Créoles sont généreux, hospitaliers, pleins de douceur et de bonté pour leurs esclaves ; que toutes les rigueurs de l'ancienne législation ont disparu. Que loin d'abuser de leur autorité, ils usent rarement des armes que les lois leur ont données pour la maintenir.

Ecoutez les témoignages publics que leur donne le représentant de la métropole près la colonie à laquelle appartient M. Douillard-Mahaudière ;

Il connaît les colons, il a vécu longtemps au milieu d'eux, et sans partager toutes leurs idées, il sait du moins leur rendre justice.

Lisez le discours que M. Jubelin, gouverneur de la Guadeloupe, a prononcé, le 5 janvier dernier, lors de la clôture du conseil colonial :

« En ce qui touche des matières qui intéressent plus profondément les destinées du pays (la question d'é-mancipation des esclaves), les communications qui vous ont été faites et les documents placés sous vos yeux avaient nettement fixé l'état de la question. L'i-nitiative prise par le gouvernement est d'ailleurs un fait dont personne ne peut méconnaître la signification et la portée. Je désire que les résolutions du Conseil répondent aux exigences de la situation ; mais en respectant vos convictions, je persévère dans celles qui ont inspiré mes actes et mon langage.

A chacun son devoir ; le mien était de vous avertir ; je l'ai rempli.

Et mon dévouement à la cause coloniale est d'une date assez ancienne pour ne laisser aucun doute sur la sincérité de mes avertissements, ici comme ailleurs.

« Quoi qu'il en soit, je me plais à reconnaître que vos délibérations ont été généralement aussi calmes que leur objet était grave; d'un autre côté, l'ordre, la paix et le travail n'ont été troublés sur aucun point de la colonie. Votre retour au milieu de vos ateliers continuera à maintenir *un état de choses qui honore le pays, et où se révèlent à la fois l'humanité des planteurs et le bien-être du reste de la population.* »

Paris, 3 mars 1841.

A. JOLLIVET,

Délégué de la Martinique.